TRANZLATY

La Langue est pour tout le Monde

Language is for everyone

La Belle et la Bête

Beauty and the Beast

Gabrielle-Suzanne Barbot de Villeneuve

Français / English

Copyright © 2025 Tranzlaty
All rights reserved
Published by Tranzlaty
ISBN: 978-1-83566-973-0
Original text by Gabrielle-Suzanne Barbot de Villeneuve
La Belle et la Bête
First published in French in 1740
Taken from The Blue Fairy Book (Andrew Lang)
Illustration by Walter Crane
www.tranzlaty.com

Il était une fois un riche marchand
There was once a rich merchant
ce riche marchand avait six enfants
this rich merchant had six children
il avait trois fils et trois filles
he had three sons and three daughters
il n'a épargné aucun coût pour leur éducation
he spared no cost for their education
parce qu'il était un homme sensé
because he was a man of sense
mais il a donné à ses enfants de nombreux serviteurs
but he gave his children many servants
ses filles étaient extrêmement jolies
his daughters were extremely pretty
et sa plus jeune fille était particulièrement jolie
and his youngest daughter was especially pretty
Déjà enfant, sa beauté était admirée
as a child her Beauty was already admired
et les gens l'appelaient à cause de sa beauté
and the people called her by her Beauty
sa beauté ne s'est pas estompée avec l'âge
her Beauty did not fade as she got older
alors les gens ont continué à l'appeler par sa beauté
so the people kept calling her by her Beauty
cela a rendu ses sœurs très jalouses
this made her sisters very jealous
les deux filles aînées avaient beaucoup de fierté
the two eldest daughters had a great deal of pride
leur richesse était la source de leur fierté
their wealth was the source of their pride
et ils n'ont pas caché leur fierté non plus
and they didn't hide their pride either
ils n'ont pas rendu visite aux filles d'autres marchands
they did not visit other merchants' daughters
parce qu'ils ne rencontrent que l'aristocratie
because they only meet with aristocracy

ils sortaient tous les jours pour faire la fête
they went out every day to parties
bals, pièces de théâtre, concerts, etc.
balls, plays, concerts, and so forth
et ils se moquèrent de leur plus jeune sœur
and they laughed at their youngest sister
parce qu'elle passait la plupart de son temps à lire
because she spent most of her time reading
il était bien connu qu'ils étaient riches
it was well known that they were wealthy
alors plusieurs marchands éminents ont demandé leur main
so several eminent merchants asked for their hand
mais ils ont dit qu'ils n'allaient pas se marier
but they said they were not going to marry
mais ils étaient prêts à faire quelques exceptions
but they were prepared to make some exceptions
« Peut-être que je pourrais épouser un duc »
"perhaps I could marry a Duke"
« Je suppose que je pourrais épouser un comte »
"I guess I could marry an Earl"
la beauté a remercié très civilement ceux qui lui ont proposé
Beauty very civilly thanked those that proposed to her
elle leur a dit qu'elle était encore trop jeune pour se marier
she told them she was still too young to marry
elle voulait rester quelques années de plus avec son père
she wanted to stay a few more years with her father
Tout d'un coup, le marchand a perdu sa fortune
All at once the merchant lost his fortune
il a tout perdu sauf une petite maison de campagne
he lost everything apart from a small country house
et il dit à ses enfants, les larmes aux yeux :
and he told his children with tears in his eyes:
« il faut aller à la campagne »
"we must go to the countryside"
« et nous devons travailler pour gagner notre vie »
"and we must work for our living"

les deux filles aînées ne voulaient pas quitter la ville
the two eldest daughters didn't want to leave the town
ils avaient plusieurs amants dans la ville
they had several lovers in the city
et ils étaient sûrs que l'un de leurs amants les épouserait
and they were sure one of their lovers would marry them
ils pensaient que leurs amants les épouseraient même sans fortune
they thought their lovers would marry them even with no fortune
mais les bonnes dames se sont trompées
but the good ladies were mistaken
leurs amants les ont abandonnés très vite
their lovers abandoned them very quickly
parce qu'ils n'avaient plus de fortune
because they had no fortunes any more
cela a montré qu'ils n'étaient pas vraiment appréciés
this showed they were not actually well liked
tout le monde a dit qu'ils ne méritaient pas d'être plaints
everybody said they do not deserve to be pitied
« Nous sommes heureux de voir leur fierté humiliée »
"we are glad to see their pride humbled"
« Qu'ils soient fiers de traire les vaches »
"let them be proud of milking cows"
mais ils étaient préoccupés par la beauté
but they were concerned for Beauty
elle était une créature si douce
she was such a sweet creature
elle parlait si gentiment aux pauvres
she spoke so kindly to poor people
et elle était d'une nature si innocente
and she was of such an innocent nature
Plusieurs messieurs l'auraient épousée
Several gentlemen would have married her
ils l'auraient épousée même si elle était pauvre
they would have married her even though she was poor

mais elle leur a dit qu'elle ne pouvait pas les épouser
but she told them she couldn't marry them
parce qu'elle ne voulait pas quitter son père
because she would not leave her father
elle était déterminée à l'accompagner à la campagne
she was determined to go with him to the countryside
afin qu'elle puisse le réconforter et l'aider
so that she could comfort and help him
La pauvre beauté était très affligée au début
Poor Beauty was very grieved at first
elle était attristée par la perte de sa fortune
she was grieved by the loss of her fortune
"Mais pleurer ne changera pas mon destin"
"but crying won't change my fortunes"
« Je dois essayer de me rendre heureux sans richesse »
"I must try to make myself happy without wealth"
ils sont venus dans leur maison de campagne
they came to their country house
et le marchand et ses trois fils s'appliquèrent à l'agriculture
and the merchant and his three sons applied themselves to husbandry
la beauté s'est levée à quatre heures du matin
Beauty rose at four in the morning
et elle s'est dépêchée de nettoyer la maison
and she hurried to clean the house
et elle s'est assurée que le dîner était prêt
and she made sure dinner was ready
au début, elle a trouvé sa nouvelle vie très difficile
in the beginning she found her new life very difficult
parce qu'elle n'était pas habituée à un tel travail
because she had not been used to such work
mais en moins de deux mois elle est devenue plus forte
but in less than two months she grew stronger
et elle était en meilleure santé que jamais auparavant
and she was healthier than ever before
après avoir fait son travail, elle a lu

after she had done her work she read
elle jouait du clavecin
she played on the harpsichord
ou elle chantait en filant de la soie
or she sung whilst she spun silk
au contraire, ses deux sœurs ne savaient pas comment passer leur temps
on the contrary, her two sisters did not know how to spend their time
ils se sont levés à dix heures et n'ont rien fait d'autre que paresser toute la journée
they got up at ten and did nothing but laze about all day
ils ont déploré la perte de leurs beaux vêtements
they lamented the loss of their fine clothes
et ils se sont plaints d'avoir perdu leurs connaissances
and they complained about losing their acquaintances
« Regardez notre plus jeune sœur », se dirent-ils.
"Have a look at our youngest sister," they said to each other
"Quelle pauvre et stupide créature elle est"
"what a poor and stupid creature she is"
"C'est mesquin de se contenter de si peu"
"it is mean to be content with so little"
le gentil marchand était d'un avis tout à fait différent
the kind merchant was of quite a different opinion
il savait très bien que la beauté éclipsait ses sœurs
he knew very well that Beauty outshone her sisters
elle les a surpassés en caractère ainsi qu'en esprit
she outshone them in character as well as mind
il admirait son humilité et son travail acharné
he admired her humility and her hard work
mais il admirait surtout sa patience
but most of all he admired her patience
ses sœurs lui ont laissé tout le travail à faire
her sisters left her all the work to do
et ils l'insultaient à chaque instant
and they insulted her every moment

La famille vivait ainsi depuis environ un an.
The family had lived like this for about a year
puis le commerçant a reçu une lettre d'un comptable
then the merchant got a letter from an accountant
il avait un investissement dans un navire
he had an investment in a ship
et le navire était arrivé sain et sauf
and the ship had safely arrived
Cette nouvelle a fait tourner les têtes des deux filles aînées
this news turned the heads of the two eldest daughters
ils ont immédiatement eu l'espoir de revenir en ville
they immediately had hopes of returning to town
parce qu'ils étaient assez fatigués de la vie à la campagne
because they were quite weary of country life
ils sont allés vers leur père alors qu'il partait
they went to their father as he was leaving
ils l'ont supplié de leur acheter de nouveaux vêtements
they begged him to buy them new clothes
des robes, des rubans et toutes sortes de petites choses
dresses, ribbons, and all sorts of little things
mais la beauté n'a rien demandé
but Beauty asked for nothing
parce qu'elle pensait que l'argent ne serait pas suffisant
because she thought the money wasn't going to be enough
il n'y aurait pas assez pour acheter tout ce que ses sœurs voulaient
there wouldn't be enough to buy everything her sisters wanted
"Que veux-tu, ma belle ?" demanda son père
"What would you like, Beauty?" asked her father
« Merci, père, pour la bonté de penser à moi », dit-elle
"thank you, father, for the goodness to think of me," she said
« Père, ayez la gentillesse de m'apporter une rose »
"father, be so kind as to bring me a rose"
"parce qu'aucune rose ne pousse ici dans le jardin"
"because no roses grow here in the garden"

"et les roses sont une sorte de rareté"
"and roses are a kind of rarity"
La beauté ne se souciait pas vraiment des roses
Beauty didn't really care for roses
elle a juste demandé quelque chose pour ne pas condamner ses sœurs
she only asked for something not to condemn her sisters
mais ses sœurs pensaient qu'elle avait demandé des roses pour d'autres raisons
but her sisters thought she asked for roses for other reasons
"Elle l'a fait juste pour avoir l'air particulière"
"she did it just to look particular"
L'homme gentil est parti en voyage
The kind man went on his journey
mais quand il est arrivé, ils se sont disputés à propos de la marchandise
but when he arrived they argued about the merchandise
et après beaucoup d'ennuis, il est revenu aussi pauvre qu'avant
and after a lot of trouble he came back as poor as before
il était à quelques heures de sa propre maison
he was within a couple of hours of his own house
et il imaginait déjà la joie de revoir ses enfants
and he already imagined the joy of seeing his children
mais en traversant la forêt, il s'est perdu
but when going through forest he got lost
il a plu et neigé terriblement
it rained and snowed terribly
le vent était si fort qu'il l'a fait tomber de son cheval
the wind was so strong it threw him off his horse
et la nuit arrivait rapidement
and night was coming quickly
il a commencé à penser qu'il pourrait mourir de faim
he began to think that he might starve
et il pensait qu'il pourrait mourir de froid
and he thought that he might freeze to death

et il pensait que les loups pourraient le manger
and he thought wolves may eat him
les loups qu'il entendait hurler tout autour de lui
the wolves that he heard howling all round him
mais tout à coup il a vu une lumière
but all of a sudden he saw a light
il a vu la lumière au loin à travers les arbres
he saw the light at a distance through the trees
quand il s'est approché, il a vu que la lumière était un palais
when he got closer he saw the light was a palace
le palais était illuminé de haut en bas
the palace was illuminated from top to bottom
le marchand a remercié Dieu pour sa chance
the merchant thanked God for his luck
et il se précipita vers le palais
and he hurried to the palace
mais il fut surpris de ne voir personne dans le palais
but he was surprised to see no people in the palace
la cour était complètement vide
the court yard was completely empty
et il n'y avait aucun signe de vie nulle part
and there was no sign of life anywhere
son cheval le suivit dans le palais
his horse followed him into the palace
et puis son cheval a trouvé une grande écurie
and then his horse found large stable
le pauvre animal était presque affamé
the poor animal was almost famished
alors son cheval est allé chercher du foin et de l'avoine
so his horse went in to find hay and oats
Heureusement, il a trouvé beaucoup à manger
fortunately he found plenty to eat
et le marchand attacha son cheval à la mangeoire
and the merchant tied his horse up to the manger
En marchant vers la maison, il n'a vu personne
walking towards the house he saw no one

mais dans une grande salle il trouva un bon feu
but in a large hall he found a good fire
et il a trouvé une table dressée pour une personne
and he found a table set for one
il était mouillé par la pluie et la neige
he was wet from the rain and snow
alors il s'est approché du feu pour se sécher
so he went near the fire to dry himself
« J'espère que le maître de maison m'excusera »
"I hope the master of the house will excuse me"
« Je suppose qu'il ne faudra pas longtemps pour que quelqu'un apparaisse »
"I suppose it won't take long for someone to appear"
Il a attendu un temps considérable
He waited a considerable time
il a attendu jusqu'à ce que onze heures sonnent, et toujours personne n'est venu
he waited until it struck eleven, and still nobody came
enfin, il avait tellement faim qu'il ne pouvait plus attendre
at last he was so hungry that he could wait no longer
il a pris du poulet et l'a mangé en deux bouchées
he took some chicken and ate it in two mouthfuls
il tremblait en mangeant la nourriture
he was trembling while eating the food
après cela, il a bu quelques verres de vin
after this he drank a few glasses of wine
devenant plus courageux, il sortit du hall
growing more courageous he went out of the hall
et il traversa plusieurs grandes salles
and he crossed through several grand halls
il a traversé le palais jusqu'à ce qu'il arrive dans une chambre
he walked through the palace until he came into a chamber
une chambre qui contenait un très bon lit
a chamber which had an exceeding good bed in it
il était très fatigué par son épreuve

he was very much fatigued from his ordeal
et il était déjà minuit passé
and the time was already past midnight
alors il a décidé qu'il était préférable de fermer la porte
so he decided it was best to shut the door
et il a conclu qu'il devrait aller se coucher
and he concluded he should go to bed
Il était dix heures du matin lorsque le marchand s'est réveillé
It was ten in the morning when the merchant woke up
au moment où il allait se lever, il vit quelque chose
just as he was going to rise he saw something
il a été étonné de voir un ensemble de vêtements propres
he was astonished to see a clean set of clothes
à l'endroit où il avait laissé ses vêtements sales
in the place where he had left his dirty clothes
"ce palais appartient certainement à une sorte de fée"
"certainly this palace belongs to some kind fairy"
" une fée qui m'a vu et qui a eu pitié de moi"
"a fairy who has seen and pitied me"
il a regardé à travers une fenêtre
he looked through a window
mais au lieu de neige, il vit le jardin le plus charmant
but instead of snow he saw the most delightful garden
et dans le jardin il y avait les plus belles roses
and in the garden were the most beautiful roses
il est ensuite retourné dans la grande salle
he then returned to the great hall
la salle où il avait mangé de la soupe la veille
the hall where he had had soup the night before
et il a trouvé du chocolat sur une petite table
and he found some chocolate on a little table
« Merci, bonne Madame la Fée », dit-il à voix haute.
"Thank you, good Madam Fairy," he said aloud
"Merci d'être si attentionné"
"thank you for being so caring"

« Je vous suis extrêmement reconnaissant pour toutes vos faveurs »
"I am extremely obliged to you for all your favours"
l'homme gentil a bu son chocolat
the kind man drank his chocolate
et puis il est allé chercher son cheval
and then he went to look for his horse
mais dans le jardin il se souvint de la demande de la belle
but in the garden he remembered Beauty's request
et il coupa une branche de roses
and he cut off a branch of roses
immédiatement il entendit un grand bruit
immediately he heard a great noise
et il vit une bête terriblement effrayante
and he saw a terribly frightful Beast
il était tellement effrayé qu'il était sur le point de s'évanouir
he was so scared that he was ready to faint
« Tu es bien ingrat », lui dit la bête.
"You are very ungrateful," said the Beast to him
et la bête parla d'une voix terrible
and the Beast spoke in a terrible voice
« Je t'ai sauvé la vie en te laissant entrer dans mon château »
"I have saved your life by allowing you into my castle"
"et pour ça tu me voles mes roses en retour ?"
"and for this you steal my roses in return?"
« Les roses que j'apprécie plus que tout »
"The roses which I value beyond anything"
"mais tu mourras pour ce que tu as fait"
"but you shall die for what you've done"
« Je ne vous donne qu'un quart d'heure pour vous préparer »
"I give you but a quarter of an hour to prepare yourself"
« Préparez-vous à la mort et dites vos prières »
"get yourself ready for death and say your prayers"
le marchand tomba à genoux
the merchant fell on his knees
et il leva ses deux mains

and he lifted up both his hands
« Monseigneur, je vous supplie de me pardonner »
"My lord, I beseech you to forgive me"
« Je n'avais aucune intention de t'offenser »
"I had no intention of offending you"
« J'ai cueilli une rose pour une de mes filles »
"I gathered a rose for one of my daughters"
"elle m'a demandé de lui apporter une rose"
"she asked me to bring her a rose"
« Je ne suis pas ton seigneur, mais je suis une bête », répondit le monstre
"I am not your lord, but I am a Beast," replied the monster
« Je n'aime pas les compliments »
"I don't love compliments"
« J'aime les gens qui parlent comme ils pensent »
"I like people who speak as they think"
« N'imaginez pas que je puisse être ému par la flatterie »
"do not imagine I can be moved by flattery"
« Mais tu dis que tu as des filles »
"But you say you have got daughters"
"Je te pardonnerai à une condition"
"I will forgive you on one condition"
« L'une de vos filles doit venir volontairement à mon palais »
"one of your daughters must come to my palace willingly"
"et elle doit souffrir pour toi"
"and she must suffer for you"
« Donne-moi ta parole »
"Let me have your word"
"et ensuite tu pourras vaquer à tes occupations"
"and then you can go about your business"
« Promets-moi ceci : »
"Promise me this:"
"Si votre fille refuse de mourir pour vous, vous devez revenir dans les trois mois"
"if your daughter refuses to die for you, you must return

within three months"
le marchand n'avait aucune intention de sacrifier ses filles
the merchant had no intentions to sacrifice his daughters
mais, comme on lui en donnait le temps, il voulait revoir ses filles une fois de plus
but, since he was given time, he wanted to see his daughters once more
alors il a promis qu'il reviendrait
so he promised he would return
et la bête lui dit qu'il pouvait partir quand il le voudrait
and the Beast told him he might set out when he pleased
et la bête lui dit encore une chose
and the Beast told him one more thing
« Tu ne partiras pas les mains vides »
"you shall not depart empty handed"
« retourne dans la pièce où tu étais allongé »
"go back to the room where you lay"
« vous verrez un grand coffre au trésor vide »
"you will see a great empty treasure chest"
« Remplissez le coffre aux trésors avec ce que vous préférez »
"fill the treasure chest with whatever you like best"
"et j'enverrai le coffre au trésor chez toi"
"and I will send the treasure chest to your home"
et en même temps la bête s'est retirée
and at the same time the Beast withdrew
« Eh bien, » se dit le bon homme
"Well," said the good man to himself
« Si je dois mourir, je laisserai au moins quelque chose à mes enfants »
"if I must die, I shall at least leave something to my children"
alors il retourna dans la chambre à coucher
so he returned to the bedchamber
et il a trouvé une grande quantité de pièces d'or
and he found a great many pieces of gold
il a rempli le coffre au trésor que la bête avait mentionné

he filled the treasure chest the Beast had mentioned
et il sortit son cheval de l'écurie
and he took his horse out of the stable
la joie qu'il ressentait en entrant dans le palais était désormais égale à la douleur qu'il ressentait en le quittant
the joy he felt when entering the palace was now equal to the grief he felt leaving it
le cheval a pris un des chemins de la forêt
the horse took one of the roads of the forest
et quelques heures plus tard, le bon homme était à la maison
and in a few hours the good man was home
ses enfants sont venus à lui
his children came to him
mais au lieu de recevoir leurs étreintes avec plaisir, il les regardait
but instead of receiving their embraces with pleasure, he looked at them
il brandit la branche qu'il tenait dans ses mains
he held up the branch he had in his hands
et puis il a fondu en larmes
and then he burst into tears
« Belle », dit-il, « s'il te plaît, prends ces roses »
"Beauty," he said, "please take these roses"
"Vous ne pouvez pas savoir à quel point ces roses ont été chères"
"you can't know how costly these roses have been"
"Ces roses ont coûté la vie à ton père"
"these roses have cost your father his life"
et puis il raconta sa fatale aventure
and then he told of his fatal adventure
immédiatement les deux sœurs aînées crièrent
immediately the two eldest sisters cried out
et ils ont dit beaucoup de choses méchantes à leur belle sœur
and they said many mean things to their beautiful sister
mais la beauté n'a pas pleuré du tout
but Beauty did not cry at all

« Regardez l'orgueil de ce petit misérable », dirent-ils.
"Look at the pride of that little wretch," said they
"elle n'a pas demandé de beaux vêtements"
"she did not ask for fine clothes"
"Elle aurait dû faire ce que nous avons fait"
"she should have done what we did"
"elle voulait se distinguer"
"she wanted to distinguish herself"
"alors maintenant elle sera la mort de notre père"
"so now she will be the death of our father"
"et pourtant elle ne verse pas une larme"
"and yet she does not shed a tear"
"Pourquoi devrais-je pleurer ?" répondit la beauté
"Why should I cry?" answered Beauty
« pleurer serait très inutile »
"crying would be very needless"
« Mon père ne souffrira pas pour moi »
"my father will not suffer for me"
"le monstre acceptera une de ses filles"
"the monster will accept of one of his daughters"
« Je m'offrirai à toute sa fureur »
"I will offer myself up to all his fury"
« Je suis très heureux, car ma mort sauvera la vie de mon père »
"I am very happy, because my death will save my father's life"
"ma mort sera une preuve de mon amour"
"my death will be a proof of my love"
« Non, ma sœur », dirent ses trois frères
"No, sister," said her three brothers
"cela ne sera pas"
"that shall not be"
"nous allons chercher le monstre"
"we will go find the monster"
"et soit on le tue..."
"and either we will kill him..."
« ... ou nous périrons dans cette tentative »

"... or we will perish in the attempt"
« N'imaginez rien de tel, mes fils », dit le marchand.
"Do not imagine any such thing, my sons," said the merchant
"La puissance de la bête est si grande que je n'ai aucun espoir que tu puisses la vaincre"
"the Beast's power is so great that I have no hope you could overcome him"
« Je suis charmé par l'offre aimable et généreuse de la beauté »
"I am charmed with Beauty's kind and generous offer"
"mais je ne peux pas accepter sa générosité"
"but I cannot accept to her generosity"
« Je suis vieux et je n'ai plus beaucoup de temps à vivre »
"I am old, and I don't have long to live"
"Je ne peux donc perdre que quelques années"
"so I can only loose a few years"
"un temps que je regrette pour vous, mes chers enfants"
"time which I regret for you, my dear children"
« Mais père », dit la belle
"But father," said Beauty
"tu n'iras pas au palais sans moi"
"you shall not go to the palace without me"
"tu ne peux pas m'empêcher de te suivre"
"you cannot stop me from following you"
rien ne pourrait convaincre la beauté autrement
nothing could convince Beauty otherwise
elle a insisté pour aller au beau palais
she insisted on going to the fine palace
et ses sœurs étaient ravies de son insistance
and her sisters were delighted at her insistence
Le marchand était inquiet à l'idée de perdre sa fille
The merchant was worried at the thought of losing his daughter
il était tellement inquiet qu'il avait oublié le coffre rempli d'or
he was so worried that he had forgotten about the chest full of

gold
la nuit, il se retirait pour se reposer et fermait la porte de sa chambre
at night he retired to rest, and he shut his chamber door
puis, à sa grande surprise, il trouva le trésor à côté de son lit
then, to his great astonishment, he found the treasure by his bedside
il était déterminé à ne rien dire à ses enfants
he was determined not to tell his children
s'ils savaient, ils auraient voulu retourner en ville
if they knew, they would have wanted to return to town
et il était résolu à ne pas quitter la campagne
and he was resolved not to leave the countryside
mais il confia le secret à la beauté
but he trusted Beauty with the secret
elle l'informa que deux messieurs étaient venus
she informed him that two gentlemen had came
et ils ont fait des propositions à ses sœurs
and they made proposals to her sisters
elle a supplié son père de consentir à leur mariage
she begged her father to consent to their marriage
et elle lui a demandé de leur donner une partie de sa fortune
and she asked him to give them some of his fortune
elle leur avait déjà pardonné
she had already forgiven them
les méchantes créatures se frottaient les yeux avec des oignons
the wicked creatures rubbed their eyes with onions
pour forcer quelques larmes quand ils se sont séparés de leur sœur
to force some tears when they parted with their sister
mais ses frères étaient vraiment inquiets
but her brothers really were concerned
La beauté était la seule à ne pas verser de larmes
Beauty was the only one who did not shed any tears
elle ne voulait pas augmenter leur malaise

she did not want to increase their uneasiness
le cheval a pris la route directe vers le palais
the horse took the direct road to the palace
et vers le soir ils virent le palais illuminé
and towards evening they saw the illuminated palace
le cheval est rentré à l'écurie
the horse took himself into the stable again
et le bon homme et sa fille entrèrent dans la grande salle
and the good man and his daughter went into the great hall
ici ils ont trouvé une table magnifiquement dressée
here they found a table splendidly served up
le marchand n'avait pas d'appétit pour manger
the merchant had no appetite to eat
mais la beauté s'efforçait de paraître joyeuse
but Beauty endeavoured to appear cheerful
elle s'est assise à table et a aidé son père
she sat down at the table and helped her father
mais elle pensait aussi :
but she also thought to herself:
"La bête veut sûrement m'engraisser avant de me manger"
"Beast surely wants to fatten me before he eats me"
"c'est pourquoi il offre autant de divertissement"
"that is why he provides such plentiful entertainment"
après avoir mangé, ils entendirent un grand bruit
after they had eaten they heard a great noise
et le marchand fit ses adieux à son malheureux enfant, les larmes aux yeux
and the merchant bid his unfortunate child farewell, with tears in his eyes
parce qu'il savait que la bête allait venir
because he knew the Beast was coming
la beauté était terrifiée par sa forme horrible
Beauty was terrified at his horrid form
mais elle a pris courage du mieux qu'elle a pu
but she took courage as well as she could
et le monstre lui a demandé si elle était venue

volontairement
and the monster asked her if she came willingly
"Oui, je suis venue volontiers", dit-elle en tremblant
"yes, I have come willingly," she said trembling
la bête répondit : « Tu es très bon »
the Beast responded, "You are very good"
"et je vous suis très reconnaissant, honnête homme"
"and I am greatly obliged to you; honest man"
« Allez-y demain matin »
"go your ways tomorrow morning"
"mais ne pense plus jamais à revenir ici"
"but never think of coming here again"
« Adieu beauté, adieu bête », répondit-il
"Farewell Beauty, farewell Beast," he answered
et immédiatement le monstre s'est retiré
and immediately the monster withdrew
« Oh, ma fille », dit le marchand
"Oh, daughter," said the merchant
et il embrassa sa fille une fois de plus
and he embraced his daughter once more
« Je suis presque mort de peur »
"I am almost frightened to death"
"crois-moi, tu ferais mieux de rentrer"
"believe me, you had better go back"
"Laisse-moi rester ici, à ta place"
"let me stay here, instead of you"
« Non, père », dit la belle d'un ton résolu.
"No, father," said Beauty, in a resolute tone
"tu partiras demain matin"
"you shall set out tomorrow morning"
« Laissez-moi aux soins et à la protection de la Providence »
"leave me to the care and protection of providence"
néanmoins ils sont allés se coucher
nonetheless they went to bed
ils pensaient qu'ils ne fermeraient pas les yeux de la nuit
they thought they would not close their eyes all night

mais juste au moment où ils se couchaient, ils s'endormirent
but just as they lay down they slept
La belle rêva qu'une belle dame venait et lui disait :
Beauty dreamed a fine lady came and said to her:
« Je suis content, beauté, de ta bonne volonté »
"I am content, Beauty, with your good will"
« Cette bonne action de votre part ne restera pas sans récompense »
"this good action of yours shall not go unrewarded"
la belle s'est réveillée et a raconté son rêve à son père
Beauty waked and told her father her dream
le rêve l'a aidé à se réconforter un peu
the dream helped to comfort him a little
mais il ne pouvait s'empêcher de pleurer amèrement en partant
but he could not help crying bitterly as he was leaving
Dès qu'il fut parti, la belle s'assit dans la grande salle et pleura aussi
as soon as he was gone, Beauty sat down in the great hall and cried too
mais elle résolut de ne pas s'inquiéter
but she resolved not to be uneasy
elle a décidé d'être forte pour le peu de temps qui lui restait à vivre
she decided to be strong for the little time she had left to live
parce qu'elle croyait fermement que la bête la mangerait
because she firmly believed the Beast would eat her
Cependant, elle pensait qu'elle pourrait aussi bien explorer le palais
however, she thought she might as well explore the palace
et elle voulait voir le beau château
and she wanted to view the fine castle
un château qu'elle ne pouvait s'empêcher d'admirer
a castle which she could not help admiring
c'était un palais délicieusement agréable
it was a delightfully pleasant palace

et elle fut extrêmement surprise de voir une porte
and she was extremely surprised at seeing a door
et sur la porte il était écrit que c'était sa chambre
and over the door was written that it was her room
elle a ouvert la porte à la hâte
she opened the door hastily
et elle était tout à fait éblouie par la magnificence de la pièce
and she was quite dazzled with the magnificence of the room
ce qui a principalement retenu son attention était une grande bibliothèque
what chiefly took up her attention was a large library
un clavecin et plusieurs livres de musique
a harpsichord and several music books
« Eh bien, » se dit-elle
"Well," said she to herself
« Je vois que la bête ne laissera pas mon temps peser sur moi »
"I see the Beast will not let my time hang heavy"
puis elle réfléchit à sa situation
then she reflected to herself about her situation
« Si je devais rester un jour, tout cela ne serait pas là »
"If I was meant to stay a day all this would not be here"
cette considération lui inspira un courage nouveau
this consideration inspired her with fresh courage
et elle a pris un livre de sa nouvelle bibliothèque
and she took a book from her new library
et elle lut ces mots en lettres d'or :
and she read these words in golden letters:
« Accueillez la beauté, bannissez la peur »
"Welcome Beauty, banish fear"
« Vous êtes reine et maîtresse ici »
"You are queen and mistress here"
« Exprimez vos souhaits, exprimez votre volonté »
"Speak your wishes, speak your will"
« L'obéissance rapide répond ici à vos souhaits »
"Swift obedience meets your wishes here"

« Hélas, dit-elle avec un soupir
"Alas," said she, with a sigh
« Ce que je souhaite par-dessus tout, c'est revoir mon pauvre père. »
"Most of all I wish to see my poor father"
"et j'aimerais savoir ce qu'il fait"
"and I would like to know what he is doing"
Dès qu'elle eut dit cela, elle remarqua le miroir
As soon as she had said this she noticed the mirror
à sa grande surprise, elle vit sa propre maison dans le miroir
to her great amazement she saw her own home in the mirror
son père est arrivé émotionnellement épuisé
her father arrived emotionally exhausted
ses sœurs sont allées à sa rencontre
her sisters went to meet him
malgré leurs tentatives de paraître tristes, leur joie était visible
despite their attempts to appear sorrowful, their joy was visible
un instant plus tard, tout a disparu
a moment later everything disappeared
et les appréhensions de la beauté ont également disparu
and Beauty's apprehensions disappeared too
car elle savait qu'elle pouvait faire confiance à la bête
for she knew she could trust the Beast
À midi, elle trouva le dîner prêt
At noon she found dinner ready
elle s'est assise à la table
she sat herself down at the table
et elle a été divertie avec un concert de musique
and she was entertained with a concert of music
même si elle ne pouvait voir personne
although she couldn't see anybody
le soir, elle s'est à nouveau assise pour dîner
at night she sat down for supper again
cette fois elle entendit le bruit que faisait la bête

this time she heard the noise the Beast made
et elle ne pouvait s'empêcher d'être terrifiée
and she could not help being terrified
"Beauté", dit le monstre
"Beauty," said the monster
"est-ce que tu me permets de manger avec toi ?"
"do you allow me to eat with you?"
« Fais comme tu veux », répondit la belle en tremblant
"do as you please," Beauty answered trembling
"Non", répondit la bête
"No," replied the Beast
"tu es seule la maîtresse ici"
"you alone are mistress here"
"tu peux me renvoyer si je suis gênant"
"you can send me away if I'm troublesome"
« renvoyez-moi et je me retirerai immédiatement »
"send me away and I will immediately withdraw"
« Mais dis-moi, ne me trouves-tu pas très laide ? »
"But, tell me; do you not think I am very ugly?"
"C'est vrai", dit la belle
"That is true," said Beauty
« Je ne peux pas mentir »
"I cannot tell a lie"
"mais je crois que tu es de très bonne nature"
"but I believe you are very good natured"
« Je le suis en effet », dit le monstre
"I am indeed," said the monster
« Mais à part ma laideur, je n'ai pas non plus de bon sens »
"But apart from my ugliness, I also have no sense"
« Je sais très bien que je suis une créature stupide »
"I know very well that I am a silly creature"
« Ce n'est pas un signe de folie de penser ainsi », répondit la belle.
"It is no sign of folly to think so," replied Beauty
« Mange donc, belle », dit le monstre
"Eat then, Beauty," said the monster

« essaie de t'amuser dans ton palais »
"try to amuse yourself in your palace"
"tout ici est à toi"
"everything here is yours"
"et je serais très mal à l'aise si tu n'étais pas heureux"
"and I would be very uneasy if you were not happy"
« Vous êtes très obligeant », répondit la belle
"You are very obliging," answered Beauty
« J'avoue que je suis heureux de votre gentillesse »
"I admit I am pleased with your kindness"
« et quand je considère votre gentillesse, je remarque à peine vos difformités »
"and when I consider your kindness, I hardly notice your deformities"
« Oui, oui, dit la bête, mon cœur est bon.
"Yes, yes," said the Beast, "my heart is good
"mais même si je suis bon, je suis toujours un monstre"
"but although I am good, I am still a monster"
« Il y a beaucoup d'hommes qui méritent ce nom plus que toi »
"There are many men that deserve that name more than you"
"et je te préfère tel que tu es"
"and I prefer you just as you are"
"et je te préfère à ceux qui cachent un cœur ingrat"
"and I prefer you more than those who hide an ungrateful heart"
"Si seulement j'avais un peu de bon sens", répondit la bête
"if only I had some sense," replied the Beast
"Si j'avais du bon sens, je vous ferais un beau compliment pour vous remercier"
"if I had sense I would make a fine compliment to thank you"
"mais je suis si ennuyeux"
"but I am so dull"
« Je peux seulement dire que je vous suis très reconnaissant »
"I can only say I am greatly obliged to you"

la belle a mangé un copieux souper
Beauty ate a hearty supper
et elle avait presque vaincu sa peur du monstre
and she had almost conquered her dread of the monster
mais elle a voulu s'évanouir lorsque la bête lui a posé la question suivante
but she wanted to faint when the Beast asked her the next question
"Belle, veux-tu être ma femme ?"
"Beauty, will you be my wife?"
elle a mis du temps avant de pouvoir répondre
she took some time before she could answer
parce qu'elle avait peur de le mettre en colère
because she was afraid of making him angry
Mais finalement elle dit "non, bête"
at last, however, she said "no, Beast"
immédiatement le pauvre monstre siffla très effroyablement
immediately the poor monster hissed very frightfully
et tout le palais résonna
and the whole palace echoed
mais la belle se remit bientôt de sa frayeur
but Beauty soon recovered from her fright
parce que la bête parla encore d'une voix lugubre
because Beast spoke again in a mournful voice
"Alors adieu, beauté"
"then farewell, Beauty"
et il ne se retournait que de temps en temps
and he only turned back now and then
de la regarder alors qu'il sortait
to look at her as he went out
maintenant la beauté était à nouveau seule
now Beauty was alone again
elle ressentait beaucoup de compassion
she felt a great deal of compassion
"Hélas, c'est mille fois dommage"
"Alas, it is a thousand pities"

"tout ce qui est si bon ne devrait pas être si laid"
"anything so good natured should not be so ugly"
la belle a passé trois mois très heureuse dans le palais
Beauty spent three months very contentedly in the palace
chaque soir la bête lui rendait visite
every evening the Beast paid her a visit
et ils ont parlé pendant le dîner
and they talked during supper
ils ont parlé avec bon sens
they talked with common sense
mais ils ne parlaient pas avec ce que les gens appellent de l'esprit
but they didn't talk with what people call wittiness
la beauté a toujours découvert un caractère précieux dans la bête
Beauty always discovered some valuable character in the Beast
et elle s'était habituée à sa difformité
and she had gotten used to his deformity
elle ne redoutait plus le moment de sa visite
she didn't dread the time of his visit anymore
maintenant elle regardait souvent sa montre
now she often looked at her watch
et elle ne pouvait pas attendre qu'il soit neuf heures
and she couldn't wait for it to be nine o'clock
car la bête ne manquait jamais de venir à cette heure-là
because the Beast never missed coming at that hour
il n'y avait qu'une seule chose qui concernait la beauté
there was only one thing that concerned Beauty
chaque soir avant d'aller au lit, la bête lui posait la même question
every night before she went to bed the Beast asked her the same question
le monstre lui a demandé si elle voulait être sa femme
the monster asked her if she would be his wife
un jour elle lui dit : "bête, tu me mets très mal à l'aise"

one day she said to him, "Beast, you make me very uneasy"
« J'aimerais pouvoir consentir à t'épouser »
"I wish I could consent to marry you"
"mais je suis trop sincère pour te faire croire que je t'épouserais"
"but I am too sincere to make you believe I would marry you"
"Notre mariage n'aura jamais lieu"
"our marriage will never happen"
« Je te verrai toujours comme un ami »
"I shall always see you as a friend"
"S'il vous plaît, essayez d'être satisfait de cela"
"please try to be satisfied with this"
« Je dois me contenter de cela », dit la bête
"I must be satisfied with this," said the Beast
« Je connais mon propre malheur »
"I know my own misfortune"
"mais je t'aime avec la plus tendre affection"
"but I love you with the tenderest affection"
« Cependant, je devrais me considérer comme heureux »
"However, I ought to consider myself as happy"
"et je serais heureux que tu restes ici"
"and I should be happy that you will stay here"
"promets-moi de ne jamais me quitter"
"promise me never to leave me"
la beauté rougit à ces mots
Beauty blushed at these words
Un jour, la belle se regardait dans son miroir
one day Beauty was looking in her mirror
son père s'était inquiété à mort pour elle
her father had worried himself sick for her
elle avait plus que jamais envie de le revoir
she longed to see him again more than ever
« Je pourrais te promettre de ne jamais te quitter complètement »
"I could promise never to leave you entirely"
"mais j'ai tellement envie de voir mon père"

"but I have so great a desire to see my father"
« Je serais terriblement contrarié si tu disais non »
"I would be impossibly upset if you say no"
« Je préfère mourir moi-même », dit le monstre
"I had rather die myself," said the monster
« Je préférerais mourir plutôt que de te mettre mal à l'aise »
"I would rather die than make you feel uneasiness"
« Je t'enverrai vers ton père »
"I will send you to your father"
"tu resteras avec lui"
"you shall remain with him"
"et cette malheureuse bête mourra de chagrin à la place"
"and this unfortunate Beast will die with grief instead"
« Non », dit la belle en pleurant
"No," said Beauty, weeping
"Je t'aime trop pour être la cause de ta mort"
"I love you too much to be the cause of your death"
"Je te promets de revenir dans une semaine"
"I give you my promise to return in a week"
« Tu m'as montré que mes sœurs sont mariées »
"You have shown me that my sisters are married"
« et mes frères sont partis à l'armée »
"and my brothers have gone to the army"
« laisse-moi rester une semaine avec mon père, car il est seul »
"let me stay a week with my father, as he is alone"
« Tu seras là demain matin », dit la bête
"You shall be there tomorrow morning," said the Beast
"mais souviens-toi de ta promesse"
"but remember your promise"
« Il vous suffit de poser votre bague sur une table avant d'aller vous coucher »
"You need only lay your ring on a table before you go to bed"
"et alors tu seras ramené avant le matin"
"and then you will be brought back before the morning"
« Adieu chère beauté », soupira la bête

"Farewell dear Beauty," sighed the Beast
la belle s'est couchée très triste cette nuit-là
Beauty went to bed very sad that night
parce qu'elle ne voulait pas voir la bête si inquiète
because she didn't want to see Beast so worried
le lendemain matin, elle se retrouva chez son père
the next morning she found herself at her father's home
elle a sonné une petite cloche à côté de son lit
she rung a little bell by her bedside
et la servante poussa un grand cri
and the maid gave a loud shriek
et son père a couru à l'étage
and her father ran upstairs
il pensait qu'il allait mourir de joie
he thought he was going to die with joy
il l'a tenue dans ses bras pendant un quart d'heure
he held her in his arms for quarter of an hour
Finalement, les premières salutations étaient terminées
eventually the first greetings were over
la beauté a commencé à penser à sortir du lit
Beauty began to think of getting out of bed
mais elle s'est rendu compte qu'elle n'avait apporté aucun vêtement
but she realized she had brought no clothes
mais la servante lui a dit qu'elle avait trouvé une boîte
but the maid told her she had found a box
le grand coffre était plein de robes et de robes
the large trunk was full of gowns and dresses
chaque robe était couverte d'or et de diamants
each gown was covered with gold and diamonds
La Belle a remercié la Bête pour ses bons soins
Beauty thanked Beast for his kind care
et elle a pris l'une des robes les plus simples
and she took one of the plainest of the dresses
elle avait l'intention de donner les autres robes à ses sœurs
she intended to give the other dresses to her sisters

mais à cette pensée le coffre de vêtements disparut
but at that thought the chest of clothes disappeared
la bête avait insisté sur le fait que les vêtements étaient pour elle seulement
Beast had insisted the clothes were for her only
son père lui a dit que c'était le cas
her father told her that this was the case
et aussitôt le coffre de vêtements est revenu
and immediately the trunk of clothes came back again
la belle s'est habillée avec ses nouveaux vêtements
Beauty dressed herself with her new clothes
et pendant ce temps les servantes allèrent chercher ses sœurs
and in the meantime maids went to find her sisters
ses deux sœurs étaient avec leurs maris
both her sister were with their husbands
mais ses deux sœurs étaient très malheureuses
but both her sisters were very unhappy
sa sœur aînée avait épousé un très beau gentleman
her eldest sister had married a very handsome gentleman
mais il était tellement amoureux de lui-même qu'il négligeait sa femme
but he was so fond of himself that he neglected his wife
sa deuxième sœur avait épousé un homme spirituel
her second sister had married a witty man
mais il a utilisé son esprit pour tourmenter les gens
but he used his wittiness to torment people
et il tourmentait surtout sa femme
and he tormented his wife most of all
Les sœurs de la belle l'ont vue habillée comme une princesse
Beauty's sisters saw her dressed like a princess
et ils furent écœurés d'envie
and they were sickened with envy
maintenant elle était plus belle que jamais
now she was more beautiful than ever
son comportement affectueux n'a pas pu étouffer leur jalousie

her affectionate behaviour could not stifle their jealousy
elle leur a dit combien elle était heureuse avec la bête
she told them how happy she was with the Beast
et leur jalousie était prête à éclater
and their jealousy was ready to burst
Ils descendirent dans le jardin pour pleurer leur malheur
They went down into the garden to cry about their misfortune
« En quoi cette petite créature est-elle meilleure que nous ? »
"In what way is this little creature better than us?"
« Pourquoi devrait-elle être tellement plus heureuse ? »
"Why should she be so much happier?"
« Sœur », dit la sœur aînée
"Sister," said the older sister
"une pensée vient de me traverser l'esprit"
"a thought just struck my mind"
« Essayons de la garder ici plus d'une semaine »
"let us try to keep her here for more than a week"
"Peut-être que cela fera enrager ce monstre idiot"
"perhaps this will enrage the silly monster"
« parce qu'elle aurait manqué à sa parole »
"because she would have broken her word"
"et alors il pourrait la dévorer"
"and then he might devour her"
"C'est une excellente idée", répondit l'autre sœur
"that's a great idea," answered the other sister
« Nous devons lui montrer autant de gentillesse que possible »
"we must show her as much kindness as possible"
les sœurs en ont fait leur résolution
the sisters made this their resolution
et ils se sont comportés très affectueusement envers leur sœur
and they behaved very affectionately to their sister
la pauvre beauté pleurait de joie à cause de toute leur gentillesse
poor Beauty wept for joy from all their kindness

quand la semaine fut expirée, ils pleurèrent et s'arrachèrent les cheveux
when the week was expired, they cried and tore their hair
ils semblaient si désolés de se séparer d'elle
they seemed so sorry to part with her
et la beauté a promis de rester une semaine de plus
and Beauty promised to stay a week longer
Pendant ce temps, la beauté ne pouvait s'empêcher de réfléchir sur elle-même
In the meantime, Beauty could not help reflecting on herself
elle s'inquiétait de ce qu'elle faisait à la pauvre bête
she worried what she was doing to poor Beast
elle sait qu'elle l'aimait sincèrement
she know that she sincerely loved him
et elle avait vraiment envie de le revoir
and she really longed to see him again
la dixième nuit qu'elle a passée chez son père aussi
the tenth night she spent at her father's too
elle a rêvé qu'elle était dans le jardin du palais
she dreamed she was in the palace garden
et elle rêva qu'elle voyait la bête étendue sur l'herbe
and she dreamt she saw the Beast extended on the grass
il semblait lui faire des reproches d'une voix mourante
he seemed to reproach her in a dying voice
et il l'accusa d'ingratitude
and he accused her of ingratitude
la beauté s'est réveillée de son sommeil
Beauty woke up from her sleep
et elle a fondu en larmes
and she burst into tears
« Ne suis-je pas très méchant ? »
"Am I not very wicked?"
« N'était-ce pas cruel de ma part d'agir si méchamment envers la bête ? »
"Was it not cruel of me to act so unkindly to the Beast?"
"la bête a tout fait pour me faire plaisir"

"Beast did everything to please me"
« Est-ce sa faute s'il est si laid ? »
"Is it his fault that he is so ugly?"
« Est-ce sa faute s'il a si peu d'esprit ? »
"Is it his fault that he has so little wit?"
« Il est gentil et bon, et cela suffit »
"He is kind and good, and that is sufficient"
« Pourquoi ai-je refusé de l'épouser ? »
"Why did I refuse to marry him?"
« Je devrais être heureux avec le monstre »
"I should be happy with the monster"
« regarde les maris de mes sœurs »
"look at the husbands of my sisters"
« Ni l'esprit, ni la beauté ne les rendent bons »
"neither wittiness, nor a being handsome makes them good"
« aucun de leurs maris ne les rend heureuses »
"neither of their husbands makes them happy"
« mais la vertu, la douceur de caractère et la patience »
"but virtue, sweetness of temper, and patience"
"ces choses rendent une femme heureuse"
"these things make a woman happy"
"et la bête a toutes ces qualités précieuses"
"and the Beast has all these valuable qualities"
"c'est vrai, je ne ressens pas de tendresse et d'affection pour lui"
"it is true; I do not feel the tenderness of affection for him"
"mais je trouve que j'éprouve la plus grande gratitude envers lui"
"but I find I have the highest gratitude for him"
"et j'ai la plus haute estime pour lui"
"and I have the highest esteem of him"
"et il est mon meilleur ami"
"and he is my best friend"
« Je ne le rendrai pas malheureux »
"I will not make him miserable"
« Si j'étais si ingrat, je ne me le pardonnerais jamais »

"If were I to be so ungrateful I would never forgive myself"
la belle a posé sa bague sur la table
Beauty put her ring on the table
et elle est retournée au lit
and she went to bed again
à peine était-elle au lit qu'elle s'endormit
scarce was she in bed before she fell asleep
elle s'est réveillée à nouveau le lendemain matin
she woke up again the next morning
et elle était ravie de se retrouver dans le palais de la bête
and she was overjoyed to find herself in the Beast's palace
elle a mis une de ses plus belles robes pour lui faire plaisir
she put on one of her nicest dress to please him
et elle attendait patiemment le soir
and she patiently waited for evening
enfin l' heure tant souhaitée est arrivée
at last the wished-for hour came
L'horloge a sonné neuf heures, mais aucune bête n'est apparue
the clock struck nine, yet no Beast appeared
La belle craignit alors d'avoir été la cause de sa mort
Beauty then feared she had been the cause of his death
elle a couru en pleurant dans tout le palais
she ran crying all around the palace
après l'avoir cherché partout, elle se souvint de son rêve
after having sought for him everywhere, she remembered her dream
et elle a couru vers le canal dans le jardin
and she ran to the canal in the garden
là elle a trouvé la pauvre bête étendue
there she found poor Beast stretched out
et elle était sûre de l'avoir tué
and she was sure she had killed him
elle se jeta sur lui sans aucune crainte
she threw herself upon him without any dread
son cœur battait encore

his heart was still beating
elle est allée chercher de l'eau au canal
she fetched some water from the canal
et elle versa l'eau sur sa tête
and she poured the water on his head
la bête ouvrit les yeux et parla à la belle
the Beast opened his eyes and spoke to Beauty
« Tu as oublié ta promesse »
"You forgot your promise"
« J'étais tellement navrée de t'avoir perdu »
"I was so heartbroken to have lost you"
« J'ai décidé de me laisser mourir de faim »
"I resolved to starve myself"
"mais j'ai le bonheur de te revoir une fois de plus"
"but I have the happiness of seeing you once more"
"j'ai donc le plaisir de mourir satisfait"
"so I have the pleasure of dying satisfied"
« Non, chère bête », dit la belle, « tu ne dois pas mourir »
"No, dear Beast," said Beauty, "you must not die"
« Vis pour être mon mari »
"Live to be my husband"
"à partir de maintenant je te donne ma main"
"from this moment I give you my hand"
"et je jure de n'être que le tien"
"and I swear to be none but yours"
« Hélas ! Je pensais n'avoir que de l'amitié pour toi »
"Alas! I thought I had only a friendship for you"
« mais la douleur que je ressens maintenant m'en convainc »
;
"but the grief I now feel convinces me;"
"Je ne peux pas vivre sans toi"
"I cannot live without you"
La beauté avait à peine prononcé ces mots lorsqu'elle vit une lumière
Beauty scarce had said these words when she saw a light
le palais scintillait de lumière

the palace sparkled with light
des feux d'artifice ont illuminé le ciel
fireworks lit up the sky
et l'air rempli de musique
and the air filled with music
tout annonçait un grand événement
everything gave notice of some great event
mais rien ne pouvait retenir son attention
but nothing could hold her attention
elle s'est tournée vers sa chère bête
she turned to her dear Beast
la bête pour laquelle elle tremblait de peur
the Beast for whom she trembled with fear
mais sa surprise fut grande face à ce qu'elle vit !
but her surprise was great at what she saw!
la bête avait disparu
the Beast had disappeared
Au lieu de cela, elle a vu le plus beau prince
instead she saw the loveliest prince
elle avait mis fin au sort
she had put an end to the spell
un sort sous lequel il ressemblait à une bête
a spell under which he resembled a Beast
ce prince était digne de toute son attention
this prince was worthy of all her attention
mais elle ne pouvait s'empêcher de demander où était la bête
but she could not help but ask where the Beast was
« Vous le voyez à vos pieds », dit le prince
"You see him at your feet," said the prince
« Une méchante fée m'avait condamné »
"A wicked fairy had condemned me"
« Je devais rester dans cette forme jusqu'à ce qu'une belle princesse accepte de m'épouser »
"I was to remain in that shape until a beautiful princess agreed to marry me"
"la fée a caché ma compréhension"

"the fairy hid my understanding"
« tu étais le seul assez généreux pour être charmé par la bonté de mon caractère »
"you were the only one generous enough to be charmed by the goodness of my temper"
la beauté était agréablement surprise
Beauty was happily surprised
et elle donna sa main au charmant prince
and she gave the charming prince her hand
ils sont allés ensemble au château
they went together into the castle
et la belle fut ravie de retrouver son père au château
and Beauty was overjoyed to find her father in the castle
et toute sa famille était là aussi
and her whole family were there too
même la belle dame qui lui était apparue dans son rêve était là
even the beautiful lady that appeared in her dream was there
"Beauté", dit la dame du rêve
"Beauty," said the lady from the dream
« viens et reçois ta récompense »
"come and receive your reward"
« Vous avez préféré la vertu à l'esprit ou à l'apparence »
"you have preferred virtue over wit or looks"
"et tu mérites quelqu'un chez qui ces qualités sont réunies"
"and you deserve someone in whom these qualities are united"
"tu vas être une grande reine"
"you are going to be a great queen"
« J'espère que le trône ne diminuera pas votre vertu »
"I hope the throne will not lessen your virtue"
puis la fée se tourna vers les deux sœurs
then the fairy turned to the two sisters
« J'ai vu à l'intérieur de vos cœurs »
"I have seen inside your hearts"
"et je connais toute la méchanceté que contiennent vos

cœurs"
"and I know all the malice your hearts contain"
« Vous deux deviendrez des statues »
"you two will become statues"
"mais vous garderez votre esprit"
"but you will keep your minds"
« Tu te tiendras aux portes du palais de ta sœur »
"you shall stand at the gates of your sister's palace"
"Le bonheur de ta sœur sera ta punition"
"your sister's happiness shall be your punishment"
« vous ne pourrez pas revenir à vos anciens états »
"you won't be able to return to your former states"
« à moins que vous n'admettiez tous les deux vos fautes »
"unless, you both admit your faults"
"mais je prévois que vous resterez toujours des statues"
"but I am foresee that you will always remain statues"
« L'orgueil, la colère, la gourmandise et l'oisiveté sont parfois vaincus »
"pride, anger, gluttony, and idleness are sometimes conquered"
" mais la conversion des esprits envieux et malveillants sont des miracles "
"but the conversion of envious and malicious minds are miracles"
immédiatement la fée donna un coup de baguette
immediately the fairy gave a stroke with her wand
et en un instant tous ceux qui étaient dans la salle furent transportés
and in a moment all that were in the hall were transported
ils étaient entrés dans les domaines du prince
they had gone into the prince's dominions
les sujets du prince l'ont reçu avec joie
the prince's subjects received him with joy
le prêtre a épousé la belle et la bête
the priest married Beauty and the Beast
et il a vécu avec elle de nombreuses années

and he lived with her many years
et leur bonheur était complet
and their happiness was complete
parce que leur bonheur était fondé sur la vertu
because their happiness was founded on virtue

La fin
The End

www.ingramcontent.com/pod-product-compliance
Lightning Source LLC
Chambersburg PA
CBHW010020130526
44590CB00048B/3972